일우 제2시집

回想 회상

지나간 날들은 아름다워라

기획·발행처 도서출판 한국인
출판·인쇄처 도서출판 숲山文學

본 시집은 한국예술인복지재단의 2024년 일반 예술활동준비금(구, 창작준비금)으로 인쇄제작 되었습니다.

책 머리에

아름다운 시간은 추억이 되고

누구에게나
지닌 날의 추억이 있습니다
아름다운 향기로 피어나는
옛사랑의 기억도 있을 것입니다
굳이 잊어버리고 싶지 않고
지워버리고 싶지 않은
젊은 날의 초상같은 것 말입니다
저는 군軍이라는 푸른 제복의 물결 속에서
짧은 시간 동안
너무나도 많은 걸 쏟았습니다

그 기록들을 찾아 정리하고
여기에 남깁니다
인생에서 크나큰 숙제 하나를 해결한다는 심정입니다
젊은 날의 짧고도 어설펐던 사랑 이야기를
어여삐 음미해 주셨으면 합니다

2024년 늦은 가을에

일우 박 욱

차 례

제1부 간이역에서

가을	012
남방 어느 정글을 뒤져	013
설원雪原에 서서	014
손형에게	016
무제1	018
망부석	019
사월 어느 날	020
봄의 둔덕	022
초승달	023
절규	024
삼촌을 보내며	025
봄비 스켓치	026
보리	028
어머니	029
봄 빛1	030
산책	031
은빛 날개 속에	032
간이역에서	033
봄 빛2	034
멀리 고풍古風의 등대가	035
처음으로	037

그녀에게 보낸 편지 I 제2부

편지1	040
편지2	042
편지3	043
편지4	044
편지5	045
편지6	046
편지7	047
편지8	048
편지9	049
편지10	050
편지11	051
편지12	052
편지13	053
편지14	054
편지15	055
편지16	056
편지17	057
편지18	058
편지19	059
편지20	060
편지21	062
편지22	063
편지23	064
편지24	066
편지25	068
편지26	069
편지27	070
편지28	071
편지29	072

차 례

그녀에게 보낸 편지 Ⅱ 제3부

편지30	*076*
편지31	*078*
편지32	*080*
편지33	*081*
편지34	*082*
편지35	*083*
편지36	*084*
편지37	*086*
편지38	*088*
편지39	*090*

제4부 그녀에게 보낸 편지 Ⅲ

편지40   *094*
편지41   *096*
편지42   *100*
편지43   *102*
편지44   *105*

제5부 기장팔경機張八景 외

길손이 '기장팔경機張八景'을 노래하다   *108*
이층 버스에서 부산을 내려다 보다   *119*
하얀 설날을 새김질하며   *124*

오래된 옛날
詩가 내게로 왔다
그러고는 곧 멀어져갔다
떠나는 詩도 잡지 못하는
멍충이 바보였다
‥‥‥

입대 전의 설익은 글이 몇 편 남았다
먼지 낀 서랍에서 용케도 버텼다
고맙다

제1부
간이역에서

가을

남해
부서지는 촌로村路
……

입시울 쪼개어지고
휘어진 남국南國아
서변西邊을 누비는 주홍빛 정열
한웅큼 논개수論介水는 걸러
저 변변에 맞대어라

노송피 돌아
홀연히 띄우는 조각달 뿌리
그 바람이 구곡九曲을 돌아 심장에
가을이 젖다

남방 어느 정글을 뒤져

호수 위
시꺼먼 어둠을 걷어다가
동구 밖 고목 등걸에 올올이 걸어두고
베틀을 메고 올 나를 기다린다

어둠 속에서
유리배는 먹칠을 하고
넓적넓적한 물결을 뚝뚝 떼어서는
뱃전에 걸어두고
어얼쑤 좋아라 춤춘다
어디에서는 둔탁한 목탁 소리
깨어진 길 조각 이어다가
취한 걸음은 밤낮을 허우적거리고
내가 오는가
비로도 허리가 움켜 쥔

호수 위 그 바람 줄기는
다시 고목 등걸을 휘감아 가
그늘에서도 탁 탁
내 맘 올올이 타는데

설원雪原에 서서

어느 전설의 여인
연신
시꺼러운 입김을 토吐해
이별을 다한 눈동자는
다습은 손길의 행렬 속으로 급히 돌아가고
쏴아아
취한 몇 줌 바람 버썩 마른 줄기
엉긴 일선一線을 그으며 달랑거린다

……
검은 화차貨車의 미친 밤길
노루 엉뎅이에 한 폭의 풍속風俗을 담고
게헨나를 향하는 바쁜 발길들
그 길을
채석장採石場의 노인은
깨어진 거울 조각을 밟으며 온다

나는 어느 여인이 푸는 실타래의 타성에 떨고

한지漢紙 위에는 물 한 방을 튀기며
에에라

신발도 벗고 첨벙첨벙 기어올라
또 한그루 노송老松이 되어
와락 쓸어 안으면 넘치는 발자국

일순一瞬에 영혼의 소생이 있어
휘익 꿰뚫는 빛 살
송아지 부르는 소리
뭉쳐서는 기슭에 쌓는다

손형에게

누군가가 무성한 잡초라고 했소
그 속을 허우적대는 나를 발견했소
내 희미한 영혼이 달빛에 무색하오

두 고향의 푸른 여름밤이 범벅이 된 채로
저기 한 달滿月에 비치어 버리오

아직은 사방이 한밤이오
고개를 떨구고 '와사등'을 뭉게 버리오
아홉 가지 열 가지를 생각하오
매양 한가지 일인데도

손형
얘기를 좋아하오만 얘기할 수 없소
무서워졌소
맛을 잃었다는 게 나을지도 모르오
나한테까지도 얘기를 잊고 있나 보오
모를 일이오

지난 열흘 동안 공부하지 않았소
일주일 만에 밥을 지어 먹을 수 있었소

이걸 생각하기가 참 곤란한 거요
'마음이 어린 후이니 세상일이 다 어리다……'
모든 게 빈약한 탓이겠지요

손형
조그마한 그러나 불꽃 튀는
그런 영혼으로 살고 싶소
많은 아름다운 날들이
손형에게 매달리길 비오

(합천 손형에게,
손형에 관한 모든 것을 잃어버렸다.
손형 미안소.)

무제1

중압을 느끼는 달빛이었다
솔 솔살기는 솔밭 사이가
어지러이 하나 송충이가 되다
하루 빛나는 화살처럼 날아
좌르르 무너지는 모래성
찌푸린 무당 얼굴 속에
얼굴색 포장마차가 되다가는 풍선이다
풍선을 잡아라 그래도 낯을 칠하는 조각
조각으로 날아터져 본래 풍선 속으로
본래 풍선 속이 되다 허공의 세계를 달린다
비행선을 타고 참 모래담은 북극성처럼
오르다가 지친 아지랑이처럼 녹는다
고무풍선 숨막히는 공간 속에서
흙이 되소서 흙이 되소
서쪽 빛살은 실상 강렬하다

망부석

꼬옥 짜낸 이별의 설움이
온 길에 자욱이 깔렸습니다

그 위에 진달래 꽃물이 들었습니다
무성한 안개
찬 달빛에
금이 가고 서릿발 집니다

　"아니에요……"

아지랑이처럼 한숨이 녹아내리던 날

　"그럴 리 없어요……"

다시 바람처럼 낙엽이 진다

　"아녜요
　　그럴 리 없어요……"

사월 어느 날

짐작컨대 별로 좋은 날씨는 못 되는 모양이다
수심이 가득한 엄마의 얼굴이 시야에 커다랗게 자리한다
선뜻 얼굴을 돌려버릴 수 없게 내가 묶여 있다
이마 한 가닥 머리칼이라도 풀어 헤치고야마는
바람 속에서 삶의 희미한 호흡을 느끼곤 한다

뒷밭 형님네 물 주는 걸 도운다
호흡이 거칠어지는 댓가로
꽉 조인 머리에 한 숨 해방을 맛 보고는
덕택에 성경 몇 구절을 더 읽을 수 있었다

가물다
마른 구렁을 기는 구렁이의 자취를 쫓아
어느듯 한 마리 구렁이 되어
숨막히는 먼지 속을 방황한다
구렁이는 용케도 제 집을 찾고
거기 포근한 안식처
나는 꿈으로밖에 엿볼 수 없으리라며
빛살 한 웅큼 뚫을 데 없는 내 밀폐된 마루방에서
서글프게도 내 시신을 데리고 자는
불구자가 되어 누워 있다

아버지께서 오셨다
술 내음도 선명한 와이셔츠가 벽을 향해 걸린다
서글픈 희망을 차마 웃지 못할 얘기로 하신다
나는 고개를 두 정강이 사이에 푹 파묻고
멍청하게 앉아 있다

세월을 깎는 소리는 날카롭다
고통의 순간도 희열의 순간도
결국 순간에 깎여 간다
시계 밑에 엎어져 순간에 끌려 다니다
뛰쳐나올 수가 없다
톱니바퀴에서
어지럽게 돌고 있을지도 모른다

성경을 한줄 읽고
시간 소리 속에 잠든다
어제와 또 오늘로
내 잠든 세계는 부단히 이어진다

봄의 둔덕

퍼석 마른 봄의 등어리
채소밭에
또 한 웅큼 강물을 끼얹다

봄은
하룻밤 추위에 깎이고
이틀 더위에 좀 먹다

차고 마른 숨을 헐떡이다
가슴에 무한한 샘을 파고
차라리 절망으로 젖고 싶다

거기 밭 가에서
한방울 거치른 눈물을
둔덕 뽀오얗게 허물며 남기고 싶다

잎새 방울물 다시 마를 때
형님도 나도
웃음이 울고 헤어진다

초승달

초승달이 멀리서 손짓한다
무한한 창공으로 힘차게 치닫고 싶다
맑은 밤공기를 가슴 가득 숨 쉬어 본다
내리 누르 듯 또 빨아 올리 듯
날카롭게 또 정답게 또 차갑게 손짓하는
저 창공을 맘껏 숨 쉴 수가 없다

달빛을 쫓아 오른다
초승달 귀에 걸린 내 옷자락을 보며
탱자나무 울타리길을 지나
마당에 들어서고
피곤한 육신에 끌리듯이
내 고단한 영혼을 쉰다
나는 잠 자고 싶은 것이다

절규

밤 하늘 찌푸린 얼굴이 나는 좋아라
가뭄에 갈라진 나를 젖고 싶어라

    - 구름 쪼개어진 틈으로 몇 알의 봄비가 구른다

비안개 감싼 눈동자가 나는 좋더라
다사란 눈으로 거친 살갗을 부비는
밤 비
그 속의 까아만 눈동자가 나는 좋아라

    - 오히려 갈증을 재촉하듯 구름은 다시 닫히고

낡은 기억들을 스친
한 가닥 빛줄기光線의 여운 속에
깜깜하게 서 있다
숨을 죽이고

바지 가랭이 물기 가시고 흙먼지 피고
주여
나는 젖고 싶다고
밤바람에 싸늘한 입술 맞대고
밤새 마른 눈물을 울음 운다

삼촌을 보내며

매끈한 기억들
끈덕지게 휘감겨 매달려 가던
가시던 날

하늘이 무거워
질퍽한 포장도로
대기는 질경질경 새김질
돌아오는 텅 비인 공간 속에는
피 보다 찡한 응어리
당신

스윗치를 내리고 창을 열면
빽빽히 애무해오는
천 개의 눈동자
그가 내미는 투명한 손
불쑥 움켜쥐고는
이 밤의 나를 읽히어
당신께로 보냅니다

봄비 스켓치

희뿌연 커어튼을 내리고
세찬 후두김의 입맞춤
찬 손 마디마디의 짙은 애무로
대지는 어느덧 알몸으로 눕다

많은 날
어지런 방황과
파삭 가슴 태운 기다림이 얽혀
대지는 몸이 녹고
깊은 깊은 문을 연다

관능의 몸부림 몸부림 사이로
토막져 나오는 가쁜 숨결은
감미로운 교향악
때론 몇 차례씩 열광의 선율이 떨고
가슴 한방을 튀는 피는
용광로처럼 뜨겁다
사르르 눈을 감으면
소담스런 한 폭 동양화 자락이 젖는다

문득
아스라한 향기가 되어 임은 떠나고
싱그런 체취와 수줍음이 나풀대며
동산을 솟는다
이제 이별이 설운 눈동자는
오히려 더 맑은 웃음을 웃고
일곱 빛 여운에
눈을 기울인다

보리

왼 종일 다스한 바람에
보리는 춤추고 살찐다

어제의 가문 먼지를 씻고
오늘 사랑의 입김에 즐거워 한다

   보리처럼 젖어
   나는 신의 체온을 숨 쉬며
   먼지가 씻어지고 있었다

금깃 은깃 어지러이 쌓이는 밤이면
보리 이랑 우으로 꿈을 궁글고 싶다
춤추고
물결에 현을 울리고 싶다

   그래서 이 밤도
   굳이 찬송하고 싶어라

어머니

사는 게 이렇게 고달프다면
왜 태어나서 왜 사셨을까

바람에 날리는 여인의 머리칼
긴 머리칼처럼
흩어지고 부대낀 인생아

어머니 얼굴에서
가슴 조인 연륜을 본다
채곡 채곡 쌓인
아 수없는 세월의 횡포를

……

……

어머니
어머니

봄 빛1

몇 마리 수군대던 햇살이
휙 바람에 쓸린다

연인은 숲길에 진한 연륜을 쌓더라
차라리 연자 맷돌을 갈아
한 줌 흙먼지 속에 가만히 누워 있다

거기서 가느스름하게
나는 조각되고 있었다
신의 칼 끝에서
무언가가 되고 있었다

소리없는 짙은 봄빛은
얼굴 위에로
어깨 위에로
가쁜 숨길 우으로
쏟아져 내린다

산책

설레는 밤공기가
가을 과일처럼 싱그럽다

물 묻은 여인의 머리칼
시큼한 보리가 출렁인다

이 밤
한恨보다 서린 오래 찬 영혼을 싣고
산책을 간다

옥절구 부서져 나린 언덕 우에서
지칠 줄 모르게
밤빛에 나리우는 이슬을 핥는다
신神의 식어져 버린 입김을

은빛 날개 속에

은빛 날개 속에
빛나는 가루 먼지 찬 마당귀
다습한 향수에 젖고
먼 사람의 행복도 빌어보고
꿈을 짓는 동심의 하이얀 미소도 그리다
거기 그대로 화석이 되고 싶소

많은 아름다운 눈물로 칠해지고
친구가 손을 잡아 준다면
절정의 입맞춤을 이고 환생하는 달빛 아래
희열에 떠는 화석이 되고 싶소

쑥 내음 나는 아침 바람을 마시며
오랜 기지개를 켜나니
그 화석 그대로
영원한 시를 읊고 싶소

간이역에서

경쾌한 보조로 기적이 두세 번 뛰었다

기쁨과 슬픔의 긴 머리칼이 출렁대고
날렵한 맵시의 바람이 따른다

말 없이 뒹구는 가랑잎처럼
얇은 가슴팍
심장 가득 가을을 심고
못내 아쉬운
간이역 풍경이다

봄 빛2

훈훈한 속삭임 도는 정구지 이랑에서
처음으로 낫질해 본다
손이 떨리고 따라 마음이 떨린다

한 다발 두 다발 채인 채소단에
속 찬 웃음이 싸인다

즐겁고 바쁜 눈길 사이로
활짝 피어버린 고랑 겨울초에
나비가 보인다

가벼운 발걸음으로
수북해지는 무더기를 돌아 선다
형님에게서 야무진 냄새가 난다

잔뜩 실은 손수레가 앞서고
형님네가 가신다
남겨지는 짙은 발자욱마다 그대로
봄빛 무성하다

멀리 고풍古風의 등대가

멀리 고풍古風의 등대가
겨울 바람에 휘날리고 있습니다
밤새껏 지루함은 차라리 잔잔한 파도였습니다
하루
문득 눈빛이 새 생기로 빛났습니다
한없는 속삭임의 이야기들로 가득 찬
누군가의 선물 꾸러미
아 그 파도더미에 실려 온 것입니다

해변의 만남이었습니다
그와 그녀가 이루는 이야기는 언제나
등대에게도 꿈에 깊이 들게 하였습니다
기대고 또 앉았던 나이 많은 바위도
전보다 더 가득한 희열에 떨곤 합니다
그러고는 자랑처럼 추근대곤 합니다
그것들은 끝없는 기다림의 사연들이었습니다
오랜 해후를 위한 빛나는 만남이었습니다

이처럼 긴 차가운 밤이면
바래져가는 기억들을 되살리려는 등대의
애틋한 애곡의 눈물은

온 밤의 옷자락을 적시고 맙니다
그와 그녀가 그려 간
눈물겹도록 화사한 그림
흩어진 조각들을 모으는 등대의
또 아름다운 한 폭 그림은
지금 이 귀를 따라 흐르는 슈베르트의 선율을 따라
아슴히 새겨집니다
그 한오라기도 잡을 수 없어
설레는 안타까움이 있습니다
내일에는
항시 다시 엮어지는
물든 잎새처럼한 얘기들이
반짝일 거예요

처음으로

오늘 처음으로
당신을 보았습니다

영롱한 눈망울이 주는 시선이
화살처럼
가슴에 와서 박혔습니다

태산이라도 내리덮치는 듯한
해 볼 도리없는 불가항력
신비한 힘 그 무엇이었습니다

일순간에 굳어져버린 가슴
저 북극의 빙산 덩어리
가슴 울렁임도 허락지 않는……

쫓기는 사슴처럼
뒤돌아 보지도 못하고
그 신비의 무중력 상태에서
밀려나오고 말았습니다

○ ○ 씨에게 첫 편지를 보내고
정초正初에 첫 회답을 받음으로
거대한 포탄의 작열처럼
제복 속의 작은 가슴을 터지기
시작했다
사모록思慕錄이 시작되었다

제2부

그녀에게 보낸 편지 I

편지 1

○○ 아가씨에게
시몬을 노래한 흰 눈이 있습니다
눈송이 펑펑 쏟아지고
저 넓은 대지에처럼 내 맘을 감싸던 날
눈보다 부신 아가씨의 소식 받았죠
이 기쁨을 주신
나의 고운 아가씨와 신께 감사합니다
독한 패러독스 크리스마스
세모 때의 눈 속의 포근함
신비스럽게 아늑하던 감정
가끔의 잔잔한 희열에 떨림도
바로 ○○ 아가씨의 기원이었나봐요

가장 소중한 사람에게
무언가의 의미가 되고 싶다는 것
홍수에 터져버린 깊은 가슴 속 소망입니다
다정한 사람과 듣는 잔잔한 멜로디
수필을 읽는 진한 즐거움
오래도록 사귀기를 좋아하고
정다운 사람끼리
술자리에라도 같이하길 즐겨 합니다

젊음을 얘기하고 시詩를 얘기하고
신神과 사랑을 얘기하고
적토마에 청룡도를 든 옛 장수의
용감한 얘기에도 곧잘 감격 합니다

무오년 정초戊午年 正初
말 같이 커단 네놈의 해
당신만의 위대한 신神께 늘 기도하시는
내 어머니
어머니께로 돌아갈 날도
이젠 멀지 않았죠

한없이 걷고
한없이 울고 웃으며
한없이 고민하고
한없이 사랑하고 싶습니다

눈이 그립다고 하셨죠
저기 백설같이 해맑은 미소
○○ 아가씨
늘 간직하소서
안녕

편지 2

서序

깊은 곳에 근원을 둔 샘은
쉬임없이
맑디맑은 생명을 세상에 보냅니다
깊은 가슴의 끓는 피는
끝없는 용솟음으로 솟구칩니다
너무나 많은 젊은 우리의 일들
너무나 많은 젊은 우리의 얘기들

진한 커피
그 한 잔의 맛

그것이 먼 환상에의 그리움인지도
벅찬 희열인지도 도무지 모를 고민들
밤이 다 가도록 얘기하고 싶고
또 쓰고 싶습니다

편지3

열차를 타고
어디론가 멀리 떠난다는 얘기는
한둘만의 호젓한 여행이란 얘기는
우리들 가슴에 낭만을 홍수지게 하겠죠
더욱이
가을에 어느 잎사귀를 물고
계곡의 작은 철교 위를 달린다든지
이즈음의 부신 눈빛을 스쳐 달려준다면
창을 비추는 더 맑은 풍경으로 인해
가슴 속엔
사랑이 꿈틀이겠죠
…… 인생
끝없는 여행
그리고 길
씻겨진 무형체
순수의 결정
나는 사랑을 얻고 싶소

편지4

환상의 제어 장치
내 아버지의 술내음 선명한 와이셔츠
그 푸념의 석상에도 포용된 신神
사랑이라는 긴 망토를 걸치고
자신을 기리시는 자를 기리시며 소일하신다
수많은 경쟁자에 가려
비춤이 줄어 버린 성광聖光
심장까지도 침투해 버리고야마는
신神의 속삭임
그 무비無比의 절대자 앞에
잠시 휴식하고 싶다

편지5

내 집
바닷가
펼친 화문석같은 물결
주름에 매달린 야등夜燈
소녀가 거두우는 해신海神의 쓰레기
대영제국의 노신사가 사랑하는
추억
태고太古적 굳고 곧은 응어리
채석장
분가루 쌓인 연륜
대리석으로 조각된 내 처참한
기도
언뜻 섬광에 사라져도
쉬임없이 쪼으리라
이 돌石

편지6

Decomas 전략 도입
참신한 life Style의 창조로
기업 이미지의 제고를 위한
당사의 끝없는 노력에
격려를 바랍니다
   - 세인에게서 소외받는 세인의 광고 -

신神의 뭇 별 같은 축복으로 지어진
단 한벌 옷
삶은 그 자체로서도 이미
괴롭고 슬프고 즐거운 그 무엇
신神이 정의 내린 무한의 참眞
내 어머니의 삶에서
내 누이의 삶에서
이것을 발견할 수 있었습니다

편지7

역사歷史는
그 자죽에 남는 수많은 애환을
지울 줄도 잊은 채 굴러 간다
신神의 이끄심 아는가
훗훗
뜨거운 타는 입김
바랜 색상
갚아야 할 피의 삯
젖어 내린 땀방울 속에서
선명한 내일을 본다
영롱한 푸른 이상理想
내 어머니의 소박한 꿈
먼 소녀의 안녕을 위해
우린 여기 있다
있지 않고 간다
달려 간다

편지8

이 울음이
화려한 여인의 울음이 아니라
소박한 조그만 소녀의 울음이더라는 것은
이 울음이
불행한 가사家事에의 울음이 아니라
먼 사람 그리는 애달픈 기다림이라는 것은
이 울음이
몸부림의 통곡이 아니라
조용히 흐르는 가는 흐느낌이라는 것은
헤살 짓는 물결 고운 어깨
꼭 껴안아 주고 싶은 찡한 울음이더라는 것은
결국 너와 나
우리의 착하고 귀여운 소녀
순이요 희의
가슴 찡한 슬픈 얘기가 아닐까

편지9

화안한 달빛을 은혜처럼 안으며
당신은 들을 걸어 본 적이 있습니까
작은 물길 다리를 지나
아지랑이처럼 희뿌연 적막을 뚫어
당신은 포근히 거닐어 본 적이 있습니까
아니요 그건 숲이라도 좋습니다
여름 타는 정열의 내음
아직은 파아란 호흡 남은
떨어진 꿈처럼한 낙엽을 비추일 때
아니라면 눈이라도 좋습니다
먼 전설의 한恨
숲이라도 들이라도
보석 부서지는 달빛을 젖도록 맞으며
당신은 길을 거닐어 본 적이 있습니까
내 귀여운 아가씨여
그러면
그때 내가 앓고 말았던
한줄기 외로운 마음을
그대는 읽을 수 있겠습니까

편지10

조용한 수면에서
문득 발견한 물장구 벌레 하나
그가 만드는 잔잔한 설레임
그 위로 흩날리는 소낙비같은 함박눈

눈이 오는 날에는
굳이 시몬을 노래하지 않아도
우린 시몬이 되고
눈이 오는 밤이면
굳이 정한情恨을 읊조리지 않아도
우린 시인이 된다

설원雪原
어울어지는 장쾌한 교향악
아직은 아무도 그림자 남기지 않은
순백의 덩어리
그 너머로
우리 오래도록 걸어보지 않으련

편지11

키타의 소음에서 해방되고픈 날
선을 울려 율을 만들 줄도 모르고
그 첨단을 허우적댄다

먼 사람도 생각해 보고
잃은 기억들을 반짝 꺼낸다
고독이 살처럼 가슴에 와 박히고
나는 불꽃보다 뜨거운 울음
만남의 슬픈 기도
시인은 백지 위에 연가戀歌를 부르고
나는 엽서 위에
사랑을 심는다

편지12

붉은 선혈
섬광에 홀연히 빛난다
지뢰를 헤치고 총을 쏘며
우린 간다
부서져 내린 아버지의 꿈
분이의 아름다운 전설을 찾아
우린 간다
신神이여
천길 고공을 날아
저 밝은 빛 부시는 소망에
우리의 젊음이 피 끓게 하소서
굳이 중단케 마옵소서

편지13

소낙비가 스치고 간 시골 풍경은
맑은 창을 채우는 삼등 수채화
언뜻 산책이라도 나설라치면
찬연히 솟은 무지개가 나를 경이케 한다
어떤 봄날에
어떤 봄비가
이렇듯 날 기웃인 날에
내 사랑의 첫 사람은 떠났다
그녀는
만남의 경지를 본 각자覺者였구나
나는 무심無心의 초심자初心者
차라리 슬프지 않은 애가哀歌가 어울어지고
나는 악몽처럼
시간을 튀쳐 나왔다

편지14

매끄런 얼음 우으로
스케이트를 타는 날은 상쾌하다
모처럼의 휴식의 소음은
즐거운 웃음
서툰 나는 자꾸 엉덩방아를 찧어댄다
저쪽 양지 덤불에는 살진 참새가 앉고
아이는 고무줄에 살의殺意를 실어 겨눈다
바람은 차게 맴도나
부드러운 아가씨들의 율동에 화안히 녹는다
겨울
빛나는 휴일
싱싱한 햇살이 비늘처럼 반짝이고
나는 창피를 잃은 동심
무너지기에 열중한다

편지15

여인의 깊은 한恨
서리 내린 칼날 같은 냉선冷線
그리운 소녀의 안녕도 빌어주다
섬짓 몸을 소스라친다
달은
이미 숭고의 자태를 잃고
추종자의 말굽에 신음한다
한없는 신비의 속삭임을 멎고
심해深海의 수풀로 침잠한다
더운 꿈들의 냉각 장치 여과 장치
환상의 정류장이 폐쇄되고
설운 추억을 새김질 한다
그러나 신神이여
슬픔의 신神이여
귀여운 내 소녀 고운 손모음
그 위에 금싸라기 뿌리고
나는 공허空虛한 행복을 착각하오

편지 16

가장 부드럽고 가장 강한 흙으로
인간人間은 빚어졌고
이미 오두막은 지어졌고
향유의 동산에 꽃은 피었고
향내 나는 맑은 샘은 솟기 시작했다
신神은
넘치는 정열로 심장을 고동하게 하셨다
　　- 나비의 가쁜 숨결 잡으라고
결코 울음일 수 없는 눈물로
긴 창窓을 메우셨다
　　- 식은 장미와 낙엽을 그리라고
신神은 마지막으로
텅 빈 너와 나의 가슴에
용광로처럼 뜨거운 사랑을 부으셨다

편지17

황혼에 서서
우린 무언가를 소리쳐 부르고 싶어한다
그것이 애원일 수도 있고
절규일 수도 있고
포화된 희열의 터져버림인지도 모르지만
우린 안으로 안으로
소리치고야 만다

황혼에 서서
우린 한없이 가고픈 충동에 몸부림한다
저녁연기 멀리 어울어지고
땅거미 내린 논길은
검으스레 어둠이 침식해버린
거대한 동공
옛시인의 처량한 노랫소리가
들리지 않아도 좋다
타는 놀을 슬퍼하고
어쩔 수 없는 비애를 마셔버린다

편지18

함박눈이 펑펑 쏟아져 오는 날
태초太初의 신비 위에
내 세속世俗의 발자욱을 찍는 그래서
묵은 때가 씻어지고
다시 백설처럼 빛나는 영혼
그 영혼에의 목마른 갈구로
어떤 기적처럼 가쁜 설레임으로
가벼운 노크로
가는 불빛 새어나오는 당신의
작은 창窓 앞에 섰습니다

편지19

멀리서 날아 온 북극성의 별빛이
심장에 와 깊이 박히고
부스럭대는 바람은
신神의 식어져버린 입김
폐부를 직통으로 통과해서
세속의 혈관을 청소한다
허虛 터버린 가슴
이 밤의 나를 벌거숭이로 만든다
하여 나
나란 인간人間은
한점 의식의 핏방울도 남김없이
사르르 싸늘히 사그러져버리는
일체의 공간
그것이었던가

편지20

○○ 아가씨
고개 숙인 밤공기가 청량합니다
가벼웁게 설레이는 어둠의 이 밤은
오히려 폭 삭은 체념으로 침잠합니다
완전한 체념이란
텅 빈 공허
진실로 진무眞無의 열림 그것이겠지요
그래서
무엇이든지 받아들일 수 있는
담담히 흡수해서
일체로 융합될 수 있는 그것이겠죠
이 밤의 이 공허한 감정으로
무한의 공간을 헤엄치는
형체 없는 절 발견했습니다
그립습니다
화살처럼 꿰뚫어 박히는
싸늘한 금속성 실재實在의 감각이
반짝 확산해버리는
영혼의 불꽃
그 한순간에라도 젖으려
한없는 기다림에 애태웁니다

아가씨
깊은 인간을 호소할 수 있다는 것
그 심연의 껍질 속을 드러내
서로 유합流合하는 가장 소중한 당신
잃어버렸던 ○○ 아가씨와의 대화가
백지 한 페이지의 짧은 공간이었기를
깊은 밤 적막의 신神께 기원합니다
이 기도가
저의 진실을 위한 기도가 되길 바라며
아가씨
긴 밤의 안녕을 빕니다

편지21

아무것도 없는 이 공간은
또 무엇인가로 꽉 차 있는 공간
다만 보이지 않고
다만 잡히지 않을 뿐
우리는 이 공간으로
메시지를 전달하고
그 답을 수신한다
공간은
늘상 공간
공간에 부딪치는
누군가의 끝없는 시도가 있을 뿐

편지22

○○ 아가씨
우수가 낼 모랜데
바람이 하릴없이 찹니다
환절기의 아가씨 건강이 염려됩니다
상쾌한 기분으로 시작된 하루가
다습은 오후 햇살에 익어 갑니다
이제 곧
요란한 몸치장으로 새봄이 오겠죠
봄이 주는
공허한 고독의 감정을 견딜 일이
은근히 걱정도 되네요
멀리 있는 몸이
마음마저도 어이 이리 멀어만 있는지요
문득의 졸필
용서하소서

편지23

내 집 바닷가
끝없는 삶의 고뇌와 기쁨을 노래
생명의 시인 청마靑馬의 시비가 있어서 좋고
그것이 먼 해원海源을 향한
청마 영혼의 몸부림이어서 더욱 좋다
여름이면 수많은 젊은 인생들이
젊음에 겨워 몸부림하고는
갯벌에 버린 추억의 쓰레기를
물결에 맡기고는
다시 추억을 되씹어 오는 곳
바다 멀리 저 멀리 보내고
그 바다 다시 건너온 벅찬 만남이
오늘도 거리에 가득한 도시
긴 여운이 출렁이는 고동 소리에서
먼 남국의 향그런 내음이
맨 먼저 향을 칠하는 곳
싱그러이 밀리는 바다 내음
해수海水에 씻기고 구겨진 기암괴석이
도닥도닥 엉겨 있는 곳
조가비를 줍는 '임'의 마음이
늘상 바람에 불리우는 곳

내 누이의 아련한 꿈이 널려 있는 곳
봄의 소란한 바다가 좋고
여름의 넘치는 바다가 좋고
가을의 쓸쓸한 바다가 좋고
겨울의 적막한 바다가 좋다
끝없이 넓고 넓음을 알게 하는 곳
끝없이 깊고 깊음을 알게 하는 곳
끝없이 높고 높음을 알게 하는 곳
깊고 넓고 높음의 조화와 궁극을 보여 주는 곳
내 이곳에서
울고 웃으리라

편지 24

벽에 매달린 실타래가 있습니다
재봉틀에 쓰는 실패에 감겨서 못에 꽂혀져 있습니다
그 한 실끝이 바닥까지 드리워져 있습니다
개미 한 마리가
문득 그것을 발견합니다
오래 전부터
여태 찾아 온 것이라
반갑게 그 실에 매어 달립니다
그래서 그 실의 근원
실패를 향해 힘차게 기어오르기 시작합니다
그런데
아 이게 어찌된 슬픔입니까
개미는 조금도 기어오를 수가 없으니 말입니다
조금만 기어오르면 어느새 기어오른 만큼 실이 풀려서
늘상 그 위치를 벗어나지 못합니다
개미는 그것을 아는지 모르는지
기어오르기에만 열중합니다
아직까지 다람쥐가 쳇바퀴를 도는 것을
본 적이 없는 개미로서는 그것을 모르는지도 모릅니다
개미는 아직 기어오르고
방바닥에는 풀린 실이 자꾸만 채여 갑니다

○○ 아가씨
전 이 실의 풀림이 뜻하지 않은 어떤 사태로 인해
멈추어지길 간절히 바랍니다
굳이 그것이 허용되지 않는다면
실이 다 풀려 마지막에 가서는
그 실 끝이 실패에 붙어있어 주길 기원합니다
그래서 언젠가는
실패에 도달할 수 있길
나의 신(神)께 간구합니다

      부산 출타 중으로 소식이 끊어졌을 때
      함께 보낸 6통의 편지와 4장의 엽서 중
      남아있는 유일한 것

편지25

내가 태어나고 또 자란 곳
감나무가 많던 외할머니댁은
언제나 정 도타운 고향
본시 외가와의 인연이 두터워
그곳에서 학교도 오래 다녔죠
지금도 외할머니께선
못난 놈 생각에 때때로 눈물지신답니다
오직 땅에서 선善을 파먹고 사시는 분들
고향 마을을 잊을 수가 없지요
철없이 날 좋아하던 소녀가 있기도 했었고
모이면 그저 즐거움에 밤 가는 줄 모르던
그 아이들 틈 속에
내를 건너 들을 달리던 그 함성 속에
아직도 호흡이 남아있는 그곳
해결할 수 없던 젊은 고민으로
무참히 외면해버리기도 했던 내 고향이기에
이제 이리도 더 그리운 곳이 되었을까요
언젠가 오래도록 고향 얘길 하고 싶습니다
맑고 청순함으로
늘 안녕 하소서

편지26

십오야 큰 달빛이
시원한 밤의 대기 속에 빛납니다
한없이 휘감기고 싶고
빠져들고 싶은 포근함입니다
먼 저곳에선 들길이라도 끝없이 걸으련만
문득 현실로 돌아와야 한다는 게
또한 서글픈 일입니다
○○ 아가씨
자꾸만 되내이고 싶은 아가씨의 잔잔한 얘기에
철없이 행복감에 잠깁니다
아가씨에게 보내는 긴 얘기는
어떻게 시작되어야 하는 건가요
가슴을 죄입니다
죄이는 가슴이 떨립니다
이 끝없는 안타까움과 두근거림으로
지칠 줄 모르는 설레임으로
나의 기도를 드립니다

편지27

시린 달빛에 야윈
미류나무 가지들이
밟으면 와락 부서질 것 같습니다
이제 텅 비인 연병장에는
달빛을 헤치는 온화한 몇 점 바람과
바람 속에 불쑥 부상浮上한
사모思慕
사모思慕에 얽히는 내가 있습니다
그것은 연기처럼 누벼 공간을 채우고
이윽고
자그마한 몸뚱아리 하나
사슬지어 버립니다

편지28

모래땅에
모래를 껴안고 언
살얼음을 밟으며 산보하는 일은
그것이 흐린 오후이거나
오늘같은 밝은 달빛 아래서이거나
인간의 파괴 본능을 충족시켜 주는
얄팍한 즐거움을 제외한다 하더라도
우린 굳이 즐겁지 않을 수 없다
와삭와삭 침몰하는 것들은
오늘 내 저속低俗의 발자욱이요
시린 어제의 기억들이다
그것은 아타까웁던 먼 옛 사랑의
추회追悔일 수도 있고
그날에 헤메이던 방황의 내 영혼이기도 하다
비록 그것이
짧은 순간의 가볍게 부서지는 잊힘이라 해도
이처럼 경쾌한 음향을 울리며
가벼이 걷는 오늘은
굳이 즐겁다

편지29

떠난다는 것은
헤어진다는 것
애착과 감정의 쓰레기들로부터
지나친다는 것
이별한다는 것 소멸된다는 것
한 세계의 영역으로부터
분리된다는 것
한 세계가 마무리된다는 것

떠난다는 것은 곧
만난다는 것
찬탄과 경이의 정수로
맞아들이는 것
해후하는 것 생성하는 것
새로운 세계의 영역으로
일체가 되는 것
포용하여 세우는 것
한 세계가 시작되는 것

떠난다는 것은
우리의 인생
자
떠나자

3, 4월의 애틋한 연가들이

이 한 페이지의 공간 속에서

숨 막혀 울고 있다

잃어버린 노래여 노래여

강이 있고
먼 기슭이 그림같이 둘러 있고
흰 물새가 있는 곳
남한 강변
그곳에서 5월을 보내고
6월 전역하다

제3부

그녀에게 보낸 편지 Ⅱ

편지30

한 밤의 고요 속에는
우리가 들을 수 없는
숱한 소음이 있다
아우성이기도 하고
비련의 절규도 있다
그리고
조용한 조아림의 기도
시(詩)를 읽을 수 없고
밤새워 사색할 수는 없어도
늘상 되뇌이는 소망의
우람찬 음향이 포용되어 있다

한 밤의 고요 속에는
아직은 볼 수 없는 눈동자
그러나 무엇보다도 또렷한
빛나는 눈동자가 있다
별보다 영롱한 그것은
먼 그녀가 지금 내 곁에 와 있다는
가장 명확한 근거가 되기도 한다

○○ 아가씨
한 밤의 이 애절한 울음 속에는
굳건한 사모(思慕)가 있다는 것
늘상
기억해 주소서

편지31

1
감미로운 바람이 강변을 타고
물새 울음을 거두어
가볍게 창을 노크합니다
수천 개 어둠의 눈이 전신을 애무해
나른히 익어 가는 봄 밤
부스스 타는 촛불 아래서
끝이 없는 마음을 드립니다
한낮에 보았던 앞산 신록
그 푸르름의 언어들
당신께로 보내져야 할 긴 얘기라면
온 밤을 밝히고
녹이고 태우겠습니다
이것들은 이미 저에게서 떠난
당신의 것들입니다
당신의 깊은 가슴 속으로
당신의 낱말을 받으셔야 합니다
그래서 이 밤의 밝힘은
사랑스런 당신을 위한
나의 소중한 의무인 것입니다
당신
나의 가슴이여

2
부드럽게 쏟아지는 아침 햇살을
가벼운 날개짓으로 안아 부수어
은가루 털며 나르는 부신 물새
당신
당신은 넓게 산허리를 돌아 흐르는
강기슭의 어디에선가
뜨거운 당신의 오후를 보내시고
은모래에 새하얗게 부서지는 달빛의
이 한 밤이면
어김없이 당신의 속삭임을 바람에 실어
먼 이곳으로 띄우십니다
애틋하고 황홀한 당신의 울음 우에
향기론 입맞춤으로
열화같은 가슴 가장 깊은 곳에
고이 간직 하렵니다
더욱 그리운 당신
당신이시여
타고 난 초를 갈아 다시 불 붙이고
옥양목 드리운 평화와 고요가
내 연민의 신神이여

편지32

이름자 위에 반가움의 뽀뽀를 하고
모래밭에 털석 주저앉아
보내옴을 읽었습니다
가슴이 울렁이고 숨이 막히는 충격이었습니다
부드럽던 모래밭의 감촉이 지독히 질겼고
강물은 온통 빼갈이었습니다
왜 눈시울이 뜨거워졌는지
자꾸만 왈칵 쏟아질 것 같은 눈물이었는지
쓴 소주에다 흔들리는 감정을 풀어 마셨습니다
독주가 베푸는 선행에도 아랑곳없이
타는 듯 가슴의 뜨거워짐에
○○ 씨 이름을 불렀습니다
그림자와 가식을 사랑하지 않는
깊은 실상을 사모하자고
한 인간의 진실을 사모하자고
○○ 씨의 보이지 않는 가슴을 두드려
속삭여 외치고 맙니다
이 긴 이야기를 단 한마디를
○○ 씨는 들으시는지요

편지33

푸른 5월의 하늘에서
문득 서글픔 같은 걸 느끼게 만드는
이 만만찮은 괴로움의 정체는
유독 ○○ 씨에게만은 용기백배하였고
자존을 밟고 투지가 충천했던
지침없이 샘 솟는 사모의 정을
태양같이 뜨겁게 불태워 사위어가는
우매한 녀석 미련한 놈
정말 우매하고 미련한 시도였다면
○○ 씨
새로운 한 세계로의 깨우침을 위한
해산의 고통입니까
한층 깊고 높은 영혼을 위한
신의 축복 메시지인가요
○○ 씨가 주심 손에 들고
애태워 그리는 맘입니다

편지34

이제 이곳에서
○○ 씨에게 받을 수 있는 소식은
통계학상으론 단지 한번
순 엉터리 순 억지를 부리시지만 않으셔도
○○ 씨 생일 때까지
두 번
어찌할 수 없는 지리학의 난입으로 인해
꼬집어주거나 새순 난 싸리 회초리를
매끈하게 다듬어 볼 수도 없는 노릇이니
심히 곤란한지고
○○ 씨
○○ 씨로 채워진 저의 반쪽
나의 사람
푸른 유니폼의 일렁임 속에서 받을 수 있는
두 번의 즐거움을 위해
바로 소식 주십시요
백합에 드리는 입맞춤으로
안 녕
○○

편지35

풍만을 자랑하는 오동나무 둥치와
무성한 잎새들은 우리들에게
살풋 젖은 이미지를 심어 주지만
꼭 소나기라도 퍼부어줄 듯한 바람 끝이
가랑이새를 헤집어가는 저녁이면
저 들이나 이 가슴이나
마른 애태움을 더할 수밖에 없다
짚방석을 널직한 그늘에 펴고 앉아
송글송글 영사되는 비껴든 햇살 우에
궐련 꽁초를 짓이기고 일어서는
한낮의 노인네가 짓는 한숨도
마르긴 매한가지이다
이제 열정의 뜨거운 가슴을 어루만져 줄
먹구름 한점이
희뿌연 풍경의 저 넘어 있으매
우리의 작은 심장으로
기원의 고동을 요청한다

편지36

오월에 흰 눈이 있겠어요
그것도 쌓여 있는게 아니라 한웅큼씩
신록의 푸르름 속에 매달려 있다면 믿어시겠어요
○○ 씨
짙은 향을 토하며 곱게 피어서
송이송이 바람에 날리어 으스러지는
저 만발의 아카시아꽃들은
○○ 씨를 향해 사그러지는 내 시린 영혼
○○ 씨 환영幻影이 겹치는 부신 백설 그것입니다
빨래를 다 태워버리셨다니
더욱 소중스런 ○○ 씨
그리움을 더합니다
흘려 볼 기회가 별로 없을 것 같은 땀방울을 닦으며
예기치 않게 겹치던 피로가
뿌듯한 가슴의 희열에 사그러집니다
이 심중心中을 전할 수 없는 안타까움
이 답답함을 어이 하리오
오빠 녀석 공갈은 펑펑
빨래를 태웠다니 요것 두고 보자고 농을 건답니다
오십 퍼센트 즐거움의 ○○ 씨의 베푸심으로
남은 오십 퍼센트도 믿사오며

나머지 시간이라는 녀석은
어느 골목으로 외박을 시켜야 좋겠습니까
그냥 ○○ 씨 얼굴을 낙서해 보며
보고픈 마음이나 ○○ 씨에 이을까요
○○
　　○○
　　　○○

내일의 힘찬 훈련 출동을 위해
한번 더 ○○ 씨 이름을 부르는 즐거운 기회를 위해
아쉬웁게 맺습니다
건강한 만남을 위해 기도합니다
안 녕
○○

편지37

물기 가신 들을
솟는 흰 새
머얼리 당신을 그리는
외로운 날개짓
그는
강변의 매끈한 작은 돌
또 하나의 그녀를 심는
살풋의 입맞춤
건너 산허리를 감아 도는
휘청이는 객차의 소음
속을 헤엄쳐 닿는 투명한 기적 소리
사슴을 닮은 당신
울컥 솟구치는 사모思慕를 견디기 어려워
오동나무 잎새는 어둠에 비산하고
방울져 내리는 저녁 바람을 만집니다
우매한 '旭'을 깊이 생각해 주심에
더욱 소중한 나의 사람
어서 빨리 만나 뵙고 싶습니다
그래서
지면이 허락지 않던 진실들 오래도록 나누고
당신께만의 긴 얘기 드리고 싶습니다

갑작스런 부산 생활이 역겹더래도
되찾고 싶은 시간들보다 더 영롱한
새로운 시간들이 가꾸어지겠죠
고성으로 간 편지며 엽서
누구 손에도 거치고 싶지 않은 글들
먼지 먹고 뒹굴고 있음 어떡하나요?
마냥 토해도
○○ 씨 향한 가슴의 응어리는
매양 그대로 남습니다
마지막 주일과 그 이튿날에 연락하겠습니다
그을린 검은 얼굴이 찾을 때까지
화안한 ○○ 씨의 삶
가꾸소서

편지38

후덥지근한 바람이
선풍기 날개 끝을 차고 온몸으로 무너져 오건만
어이 눈 하나 깜짝하리오
이 지루하고 처참한 날에
78-57 = 21
그러니까 지금으로부터 만 21년 전
조그마한 악마가 이 세상에서의 첫울음을
그의 심장으로부터 음흉하게 내뱉고
두 눈망울이 토하는 영혼의 살의가
비인 공간으로 끝없이 확산해 갈 때
사람들은 씨 뿌리듯이 정성스럽게
이 가증스런 저주를 축복하고 말았으니
아직도 울엄마 가슴에 묻혀 살던
이 몸이었던들 어떡했으리오

내 영혼을 보자기 쒸운 이 작은 악마는
그로부터 꼭 21년 후
나를 공략하기 시작했지요
일 년 가까이를 먼 듯 가까운 듯 맴돌던 소악마는
자기 사정거리 안으로 날 유혹해 놓고는
무차별 폭격을 감행해버리는군요 글쎄

초고성능 레이다로도 포착할 수 없고
초고성능 미사일로도 추적할 수 없는
이 잔인한 작은 악마의 소행을 어찌해야 할 지
현명하옵신 ○○ 선생께
삼가 문의드립니다

편지39

가느다란 빗줄기가
어슴푸레한 유리창에 클로오즙 되어
퍼석 건조된 마음들을 어루만져 줍니다
짧게만 연주되는 감미론 경음악에다
애간장 다
살루어버리고야 말지만
밀짚모자의 긴 창에서 부서질 때
그것은
여신의 미소가 됩니다
○○ 씨
강열히 부딪쳐 오는 시간에
자꾸만 흔들리곤 합니다

8월 초
이날 저녁은
얄궂은 비가 내리고
걷고
정신도 잃을 듯한 그녀는
간다고 가야한다고
울면서
울면서
……

나는 비와
철퇴를 머리에
맞다

제4부

그녀에게 보낸 편지 Ⅲ

편지 40

엽서가 왔소
제일 먼저 당신의 소식을 묻는 전역 동기의 엽서가
누구보다 당신과 날 알고
누구보다 깊이 격려해 줬었소
마음으로부터의 응원을 아끼지 않았소
당신의 얘길 어떻게 전해야 하지
가서는 안되는 당신이 가고
남아서는 안되는 내가 남아 있고
정말 너무 하구료
당신을 위한 전날의 숱한 다짐은 어떡한단 말이요
다시는 당신이라 부를 수 없는
다른 사람의 당신이 되어버리는 날
아직도 내 영혼의 전부를 움켜쥔 당신을
내가 무엇이라 불러야 한단 말이요
도대체 이 세상 무엇으로 당신을 지우고
날 위로할 수가 있단 말이요
내 몸이 갈기갈기 찢기운다해도
당신을 잃는 고통만은 못하오
또 그러한들 당신이 잊힐리 만무하오
당신은 가시면 그뿐

흙발에 짓밟힌 나룻배는 다시는
당신을 태울 수 없는 설움에
병들고 낡아갈 것이오
○○
당신

편지41

잔인하고
차갑고
냉정한 사람
파도가 왔다가는 그냥 가듯이
당신은 그렇게 가 버리고 말겠지요
파도는 다시 오고 다시 오고 다시 오건만
당신은 다시 오실 리 없이
아주
멀리 가 버리시겠지요
아우성이 지나간 겨울 해변같이
공허한 가슴을 찡하게 울려 놓고
그냥 그렇게 가버리시겠지요
보이지 않는 상처란 그것이 보이지 않는 관계로
영영 치료될 수 없는 것
당신은 이 가슴의 쓰린 상처도 아랑곳하지 않고
남겨진 마음의 얼룩도 아랑곳하지 않고
그냥 그렇게 떠나시겠지요
무더운 이 여름날 저 태양빛 아래서
눈보다 찬 당신을 읽었습니다

얼음보다 시린 당신의 영혼을
서리보다 영롱한 당신의 저주를
선풍기 날개 윙윙 우는 도시의 한낮에
전 당신을 읽었습니다
모나리자의 미소를 읽듯이
까맣게 읽었습니다
당신의 영상을 담고 밀려오는 파도
당신의 숨결을 안아 무너져 오는 바람
당신을 닮은 그들에게로
내 영혼의 몸부림으로 소리쳤습니다
그래도 당신은 떠나시겠지요
지난날에 엮던 꿈의 조가비들을 팽개치고 짓뭉개고
당신은 떠나시고 말겠지요
그날처럼 비가 오는 날이래도
비가 아니라 누군가의 비통한 눈물이래도
온 가슴을 쥐어짠 한 줄기 선혈이래도
파삭 부서져 날리우는 내 영혼
그 쏟아지는 아픔 속에서라도
매정한 당신
그냥 그렇게 가시겠지요

도무지 건널 수 없는 내川
도무지 건너서는 안될 내川
그토록 부여잡는 소매깃을 뿌리치고
당신은 가시겠지요
눈물이 내川를 넘쳐 홍수가 되더래도
당신은 그저
아무렇지도 않은 듯 가시겠지요
영혼을 가름하는 살인철편이
그 밤의 소낙비 오듯 내리 덮치는 곳
온몸으로 파편을 안은 외로운 사내의 부르짖음도
귀를 막지도 않은 당신
그래도 당신은 가시겠지요
아주 오랜 후에
또 다른 세상에서 당신을 만난다면
내 뜨거운 눈물이
다시는 영혼을 다습게 할 수가 없는 걸
싸늘히 식어져버린 입술이
다시는 속삭일 수 없는 걸
어떻게 내 차운 가슴으로
고운 당신의 어깨를 감싼단 말인가요
꼭 하나는 있겠지요

영겁을 회생하는 내 뜨거운 눈길이 있겠지요
영원을 저주하는
영원의 당신을 저주하는
혼신의 힘으로 부시는 눈길이 있겠지요
그 눈길 속으로도
아주 멀리 멀리
당신은 영원히 떠나고 말겠지요
울음밖에는 도무지 없는 이 공간을
혼자서 남겨지겠지요
텅 비인 공간 속에서 울 수밖에 없겠지요
눈물도 지울 수 없는 이 마른 울음을
당신이 떠나고 나면
혼자 남아서
혼자
……

편지42

…
…
…
이 세상 무엇에도 초점을 잃은
공허한 망막 위에
그 한 가운데에
당신이 다시 자리해 주오
다시 빛을 발하게 해 주오
잃은 기쁨의 눈물을 힘차게 쏟을 수 있게
당신이 열어 주오
내 온갖 것을 소생시키는 것
이 세상의 단 하나
오직 당신 뿐
당신의 울음에 얼고
당신의 미소에 녹는
이 세상의 단 하나
내 마음이요
내 영혼이요
내 생명인
내 차운 겨울에 당신이 와 주오

당신의 뜨거운 태양으로
이 겨울을 녹여 주오
따스한 당신의 입김으로
이 갸날픈 새 움을
북돋아 주오

편지43

처음으로 사랑한다고 고백하고
처음으로 당신이라고 부른 사람이
지금 떠나려 하고 있다
당신을 위해 간직했던 숱한 낱말들이
이제 당신을 향하자마자
당신은 떠나려 하고 있다
멀리에 가고 있는지도 모른다

사랑은 비겁한 것이라는 걸 알았다
세상은 그렇게 유지되어 간다지만
사랑이 이런 악당이라니
천사같은 당신의 소행이라곤
믿지 않는다

세상에는 모래알같이
수많은 사람들이 살고 있다
하지만 내게로
당신같이 화려한 악행을 저질러줄
사람은 없다
이 세상에서 꼭 당신을 닮은 사람
곧 당신이 아니고서는

내 촛대에 불을 댕겨줄 사람은 없다
애초부터
그건 당신 뿐이었다

떠나가는 배
나를 태우지도 않고
멀리 떠나가는 배
그래서 사랑은 비극인가
무서운 일이다
삼등인생론자의 하소연을
밤이 새도록 내뱉게 만드는 것이다
소름끼치는 일이다

고향 친구를 찾아 갔다
그가 없었다
로타리의 사람들 사이에
우두커니 서 있었다
쳐다보는 하늘은 너무 높았고
아우성 속에서 외로웠다
사람들은 모두가 당신이었고
곧 타인이 되었다

돌아오는 거리는
텅 비었다
내 집
내 방
꽉 조인 책상이 책장이
텅
텅
비었다

        짧은 기간의
        긴 사모곡을 끝내다

편지44

싱싱한 창을 새벽이 노크해
먼 바다를 깨치고
8월의 푸른 태양이 자애롭게 다가올 때
당신을 위해 땀흘리게 해 주오
오직 당신을 위한
노동이 되게 하여 주소서

한낮의 따가운 햇볕이
내 젖은 등을 두드리오
한 줄기 선한 바람이 바다를 건너오는 건
우리를 위한
그들의 축복이오

잿빛 바다가 재를 토해
시꺼먼 어둠의 눈동자가 천개 만개
빽빽이 애무해 오는 8월의 저녁이면
당신을 위해 돌아가게 해 주오
오직 당신을 위해
당신의 집으로 돌아가게 해주오

○○ 씨와 함께
내 詩心도 멀어져 갔다.
참으로 오랫동안
시와 헤어졌었다.
이제
인생의 가을 길에서
다시 만난 詩 중
몇 편 남긴다.

제5부

기장팔경 機張八景 외

길손이 '기장팔경機張八景'을 노래하다

> 2023년 기장군과 부산문학협회에서 공모한
> '기장팔경 詩공모전' 중
> 대상을 수상한 작품입니다.

제일경第一景 달음산達陰山

양陽은 높이 솟고
음陰은 계곡 아래로 흘러
신성한 조화를 이루나니
정상頂上에 우뚝한 바윗돌이
수리봉취봉鷲峰이냐
거대한 양물陽物이냐
음양陰陽의 지고至高한 수준에 다다른 뜻은
헤아리기 어려웨라

멀리 천태天台 대운大雲과 어울려
어울렁더울렁 춤사위
더러는 악산惡山이라 저어도 하지만
눈을 들어 가이없는 하늘을 보고
눈 아래 정관도 보고 일광도 보고
아득한 바다 수평선 바라보며
정상頂上에서 부르는
장부丈夫의 노래는 인자요산仁者樂山 일러라

음풍농월吟風弄月 부운浮雲과도 같은 나그네
달月에 달達해도 좋으니
답해 주시구려
달음산達陰山이여

제이경第二景 죽도竹島

너를 베어 내어
속을 비워 낸 그 마음 읽고 싶어라
댓닢에 흐르는 밤비 소리에
거문고 하염없이 뜯고 싶어라

해풍海風은 마른 거북등을
쉬임없이 떠미는데
대竹는 어드메로 숨어들고
동백冬柏만 주인인 양 거드름인고

뱃길이 천리千里런가
물길이 만리萬里런가
연죽교蓮竹橋 다리 이어
뭍에다 닻 내렸네

아련타 옛 정취情趣여
작금昨今이 예古와 다르니
서러운 황혼객黃昏客이 눈물 훔치노라
슬픈 죽도竹島여

제삼경第三景 일광해수욕장日光海水浴場

푸른 물결 넘실대는
일광日光 바닷가
삼성대三聖臺는 성인聖人 흔적
아는 이 없고
바닥분수 전망대는
하얗게 부서지는 포말泡沫을
연속 상영하는구나

물질 쉬는 해녀상海女像의 그윽한 눈빛
수평선 너머 바라보고
학리鶴里에 학鶴은 어데로 가고
등대燈臺만이 홀로 외롭구나

아늑한 해변에 앉아
먼 옛날 바라볼 제
텅 빈 공허空虛만이 너른 모래밭을
가득 채우고 있구려
때때로 옷깃을 적심은
아득히 멀어져 간 그날이

밤 물결로 다시 옴인가
모래톱만 적시고 다시 감인가
파도따라 부서지는
숱한 인연因緣이여

흘러간 날의 지팡이로
오늘을 걷는 나그네
빈 손 빈 가슴을 언제나 채워 주시려나
일광해수욕장日光海水浴場이여

제사경第四景 장안사계곡長安寺溪谷

푸른 꿈을 줄줄이 엮어
하늘도 잠시 낯가림을 허락하던
장안사長安寺 숲 속 깊은 계곡溪谷이여
명경明鏡같은 시냇물이 발을 애무하고
웃음이 난무亂舞하던
화기和氣롭던 그날이여

시절時節을 넘을 것 같던 짙푸른 정열도
서리 맞고 움칫하더니
노오랗게 바알갛게 현란絢爛하던 몸뚱아리는
어느덧 색동옷 벗어 던지고
속살 부딪히며 처연히 연주演奏하는
'G선상의 아리아'
옛일 그리워 듣는 객客이
하늘 향해 눈물짓노라

바람 소리도 허접한 이 겨울
설중송백雪中松栢만 군자君子던가
만萬 나무 어울림이 으뜸이거늘
찬 기운 서럽다 마라
불타는 너의 시절이 그립구나
장안사 계곡長安寺溪谷이여

제오경第五景 홍연폭포 虹淵瀑布

거문산巨文山과 옥녀봉玉女峰 골짜기 은밀한 곳을
구천 은하九天 銀河 은하수銀河水 한줄기
살며시 스며들어
무지갯빛 물안개는
아득히 떨어지는 옥류玉流를 싸 안으니
장엄하게 부서지는 폭포성瀑布聲은
절대자絶對者의 음성 아닌가
비류직하 삼천척飛流直下 三千尺을 노래한
시선 이백詩仙 李白도 아차 주저 앉을 선경仙境이
바로 예 인가

천의무봉天衣無縫 날개옷 벗어 던지고
섬섬옥수纖纖玉手 향긋한 손길로 유혹하는
눈부신 나신裸身이여
선녀仙女여
이게 꿈이라면
오래도록 잠들고 싶어라

강산풍월江山風月에
취醉한 길손은
옥빛 물에 마음을 씻어 내리고
아직 남아있는 아련한 향기香氣로
목마름을 채우네
이제 어이 하려는가
홍연폭포虹淵瀑布여

제육경第六景 소학대巢鶴臺

흰 구름 떠도는 백운산白雲山 안 주인
달 바라보는 정감情感이 어떠하였길래
그 이름도 망월望月인가
척박한 산꼭대기
홀로 날렵하게 차려입은 표지석標識石도
그윽한 달빛에는
뒤척이며
밤을 지새우네

하늘과 가까이 가는 숨찬 비탈길
병풍처럼 솟아 있는 매바위 소학대巢鶴臺
낮달은 행방이 묘연杳然하고
탁 트인 시야에 높고 낮은 산봉우리
멀리 운해雲海에
아련히 보이는 동해 바다여

완월玩月을 즐기다 님도 따라 침월沈月하니
스산한 가을 바람에 나그네 맘도 차다네
고고한 학鶴들은 어드메로 날아 갔나
아직도 체온體溫 남아 있는데
망월산望月山 소학대巢鶴臺야

제칠경第七景 시랑대侍郎臺

절경絶境의 일부가
구들장으로 놓였다니
시랑 권적侍郎 權迪 선생이
하늘에서 뜨시다 하실까
당대當代의 아랫목 엉덩이에서는
빼어난 절경시絶境詩 한 수라도
풍겨 나왔어야지

우거진 노송老松
첩첩이 쌓인 기암괴석奇巖怪石은
어느 적 전설傳說이던가
비오리 원앙대鴛鴦臺도 옛 얘기로 묻혀간다

해동용궁사海東龍宮寺를 곁에 두어
곁의 곁이 되었으니
나옹선사懶翁禪師께서도 얼마나 섭하실까
대웅보전大雄寶殿 풍경 소리가
담 넘어 시랑대侍郎臺를 처연히 맴돈다

슬픈 세월이여
기우祈雨와 풍어豊漁 빌던
기우암祈雨巖과 제룡단祭龍壇
옛 사람들의 간절한 마음으로
마른 가슴 넉넉지 못한 길손의 심사心思를
빌어 주고저
시랑대侍郎臺여

제팔경第八景 임랑해수욕장林浪海水浴場

기품氣品있는 노거송老巨松 두 그루
문 앞에서 과객過客을 맞는다
뒷 편 오른 편 솔숲은
멀리 떨어져 있는데
그대들 손님맞이에 외롭지 않으신가

풍광風光을 드넓게 껴안은
임랑林浪이여
멀리 동해東海를 힘차게 아우르고
첨단 고리원전古里原電도 지근至近에 안았구나
층층이 밀려드는 파도는
먹먹한 가슴을 쓸어 내리고
켜켜이 부는 바람은
찌든 홍진紅塵을 씻어내누나

뽀얗게 부서지는 달빛을 밟으며
추억을 걷는 나그네
긴 모래밭 가는 허리
채이는 자갈
교언영색巧言令色으로 사람들을 홀리지 않으니
너야말로 참 선비로구나
임랑해수욕장林浪海水浴場이여

이층 버스에서 부산을 내려다 보다

지난 주
꿈에도 그리던 이층 관광 버스를 탔어요
동화 속 세상같은 지붕 없는 이층 버스
머리칼 휘날리며
검정 색안경 끼고 주위를 둘러보는
사람들이 멋져보이고
무척이나 부러웠거들랑요
부산문학 발행인 김영찬 작가께서 권하지 않았으면
용기도 기회도 없는 이몸
헛꿈이었겠지요

부산역을 출발할 때의 기분이란 흐흐……
신바람 손바람 눈바람
거침없이 휘날리며
그냥 붕붕 날았어요
해운대 방향 노선이었는데
약간 흐린 날씨는 오히려 금상첨화였어요

영도에서 경험한 별난 다리
몇 바퀴를 휘돌아 올라가서
부산대교와 맞닿아 있는데
용틀임의 머리를 잡고 올라 앉아
용오름의 기분을 한껏 휘날리며……
사실은 정신이 없었어요

풍경들이 황홀했고 새로웠어요
희한한 다리 별난 다리가 부산에도 있었네요

지붕 없는 이층 관광 버스란게
참 묘한 기분이어요
기분 좋게 붕 떠 있는 느낌
쬐끔 더 높을 뿐인데
푸른 하늘을 유영하는
갈매기 꿈 ㅎㅎㅎ……

유엔묘지와 부산박물관의 소개 방송을 들으며
부산에 들린 외지인같은 느낌도 살풋
그런 것도 좋았어요
광안리는 버스로도 기분을 느껴요
청춘의 해변이라 역시 생동감이 넘치네요
해변을 걸어야 제맛인데
변죽만 울리지요
명불허전 역시 해운대
역시 젊음이 풍성하군요
구름이 햇살 넘치는 백사장을 시샘하는 눈치라
해수욕장이 넘치진 않지만
오붓한 물놀이객이 많았어요
낮이면 하염없이 졸고 있는 등대
이들의 축제 분위기에 그림같은 풍경으로 한몫 거들어요
바다마저도 온통
젊음의 아우성이예요

사십 분 후에 오는 다음 버스를 타도 좋으련만
휘황찬란한 눈요기로

심신의 허전한 시장기를 달래고
엉덩이를 의자에서 띄우고
몸을 뒤틀어봐요
엉덩인들 어찌 쉬고 싶지 않으리오만
온갖 핑게거리가 여론을 호도하니
그려려니
털썩 주저 앉아버리지요

다이아몬드 브릿지는
별명만큼이나 경관이 화려해요
멀리 한가하게 떠 있는 요트들이며 -사실은 치열하겠지만-
어디론가 바쁘게 몰아가는
작은 통통배
체면은 이렇게 차리는 거야라는
중간치 배
멀리서도 덩치를 자랑하는
커다란 화물배
모두를 합친다한들
그러나 한낱 낙엽이지요

눈이 때아닌 호강에 넘치는 사이
몸은 점차 활기를 잃어가고 있네요
반짝반짝하던 총기는 무디어져
어데로 가고
검뿌옇게 붙어오는 비구름따라
물 먹은 화선지마냥 자꾸 처져 가요
마지막 혼신의 힘으로 부산역에 도착
화장실부터 달려갔죠

퓨우
물 한통씩 사서 들고
그래 좋다
태종대로 송도로 가는 버스도 타 보자
순전히 오기다~ 좋다

부슬부슬 오는 비를 맞으며
태종대 입구에서
속절없이 대책없이 일단 하차
순환열차 타는 곳까지 갔다가
는개비로 취소되는 걸 보고
핑게거리 삼았지요
오십 분 후 다음 버스에 환승
몇 군데 안내 방송을 했지만 귓전이었죠
축 처져서 오는데 번쩍 '비온뒤아파트'
짧은 글 긴 여운
작은 아파트에 소박하게 적힌
이렇게 아름다운 이름을
본 적이 들은 적이 있나요?
군데군데 크고 무성한
아파트 수풀 속에서
이리 훌륭하게 자신의 실존을
소리치고 있다니
철학 있음이 부러워요

송도 해수욕장은
새삼 별별 시설을 많이 갖추어
다소 이국적인 풍광
구름다리도 건성으로 보고

케이블카도 곁눈으로 보고
오로지 이 버스 투어를 마무리하고 싶어요

역에서 헤어져야 하나
길 건너 차이나타운을 훑어보고
텍사스 거리로 들어섰어요
규모가 작아졌나
아직 일곱 시도 안됐어
조금은 이국적인 분위기의
치킨 요리와 생맥주집이 있어요
이른가 손님이 없네요
술에는 까막눈인
김 대표님 미안
그래도 몇 모금 하세요
안주는 맛있게 뚝딱

오늘 두 중늙은이
용케도 버티었구나
화이팅!
피곤함 속에
상쾌함이 넘친다

김영찬 작가는 현재 부산문학협회 회장이며
작가로서 왕성한 활동을 하고 있다.

하얀 설날을 새김질하며

1.
가슴 설레이는 설
설 설
어느새 까치설이 저물고 설이 밝았습니다
어둠을 뚫고
남새밭 위로 쌓인 흰눈을 바람같이 스쳐
설이 왔습니다
달님도 깊은 잠에 빠져
밤새 뒤척이는 사이
살포시 눈 속에 숨어
설이 쳐들어 왔습니다

2.
마당 한켠 하얀 눈 위에
눈부시게 앉아 있는
정지 앞 장독대 위에 맵시있게 앉아 있는
부뚜막에 다소곳이 앉아
빙그레 웃고 있는
설이 있습니다
감나무 가지 끝
푸드득대는 까치 깃털 위에도
여기도 저기도
온 천지에
설이 가득 찼습니다

3.
섣달 그믐도 밤이 깊어가고
첫새벽 첫닭이 울면
소스라치게 꿈결에서 뛰쳐나와
두리번거리며 면경을 찾습니다
눈썹은 이상 없습니다
얼굴을 꼬집어보며
쑥스런 웃음을 짓습니다
그러면 그렇지 설마

4.
모락모락 김이나는 새미물 긷는
흥겨운 두레박
춤사위도 날렵합니다
낯을 씻고 마음도 씻고
앞치마로 손 닦은 엄마
상고머리 단정히 빗질해 줍니다
손꼽아 기다려온 설치리(설빔)
새옷 입으니
나이만큼 의젓합니다

5.
하얀 도포자락 휘날리며
차례 절차 한창인 어르신들
밤 치는 것도 거들고
진설을 도웁니다
언제 이리 장만하셨나 눈이 휘청합니다
차례상을 굽어보는 조상님들
부디 흠향하시옵소서

엄숙을 모르지만 엄숙한 채
분위기로 숙연을 배웁니다

6.
할아버지는 세뱃돈을 거꾸로 받으시고
쌈짓돈을 후하게 베푸십니다
넉넉함도 부족함도 잘 모릅니다만
머리를 쓰다듬으며 하시는 덕담에
가슴이 뭉클합니다
마음이 호주머니와 더불어 든든하고
세배를 자꾸 많이 하고 싶습니다
좀있으면 동네 곳곳이
세뱃길로 부산할 겁니다

7.
뽀오얀 국물 쇠고기 한점
김 달걀 빠알간 실고추
고명으로 입은 옷
품격어린 색깔의 조화
맛과 멋이 어울어진
한판의 절묘한 실내악
하얀 떡국 속으로 풍덩 스며듭니다
이 순간 맛깔의 정적을
누구라 선뜻 범할 수 있으랴
수저가 멈칫합니다
하얀 김이 방안을 감싸고 어루만지니
몸도 마음도 하얗게 뜨셔집니다

8.
하얀 시루떡
하얀 인절미
손치레(손님접대)용 하얀 쟁반에
하얀 쌀강정 하얀 엿가락
하얀 행주로 훔치고 내오는
하얗게 투명한 단술
하얀 사발에
하얀 막걸리까지
온갖 하얀 먹거리 하얀 바탕색
참 좋습니다

9.
하얀 새 고무신 갈아 신고 마당에 내리면
백설기 같은 하얀 눈이
눈이 아리게 곱습니다
하얀 입김 내뿜으며
하얀 눈을 맛보며
쓸어 얼굴을 비빕니다
설도 하얗고
마음도 하얗고
하얀 웃음이 넘치는
하얀
설날 아침입니다

　　　설날을 새김질하며

일우 박 욱 제2시집

回想 회상
지나간 날들은 아름다워라

초판인쇄	2024년 11월 15일
초판발행	2024년 11월 20일
지은이	일우 박 욱
발행인	김영찬(金永燦)
기획·발행처	도서출판「한국인(제2014-000004호)」
출판·인쇄처	도서출판「부산문학(제2019-000001호)」
주소	부산광역시 동구 중앙대로 308번길 7-3《주식회사 한국인》
전화	(051)929-7131, 441-3515
팩스	(051)917-7131, 441-2493
홈페이지	http://www.mkorean.com · http://www.busanmunhak.com
이메일	sahachanchan@hanmail.net
가격	12,000원(E-Book 6,000원)
ISBN	979-11-92829-68-5 (03810)

ⓒ 박 욱 2024, Printed in Korea.
이 책은 저작권법에 따라 보호 받는 저작물이므로 무단전재와 무단복제를 금지하며,
이 책 내용의 전부 또는 일부를 이용하려면 반드시 저작권자인 저자와
도서출판 한국인의 서면 동의를 받아야 합니다.
파본이나 잘못된 책은 구입처에서 교환해 드립니다.